Spiralschneider Kochbuch

DAS GROSSE REZEPTBUCH MIT ÜBER 40 LECKEREN REZEPTEN – GEMÜSENUDELN, SALATE & ANDERE LECKEREIEN SELBER ZUBEREITEN

Inhaltsverzeichnis

EINLEITUNG

Mit einem Spiralschneider kannst du viele, raffinierte Gerichte zaubern. In diesem Buch findest du 40 verschiedene Rezepte. Damit kannst du beginnen, dich mit deinem Spiralschneider vertraut zu machen. Wenn du dann bereits ein wenig mehr Erfahrung hast, kannst du anfangen, die Rezepte für dich zu verändern, um sie an deinen Geschmack anzupassen. Danach kannst du bald auch deine eigenen Gerichte kreieren.

KAPITEL 1: DER SPIRALSCHNEIDER

Ein Spiralschneider ist nichts anders als ein handliches Küchenwerkzeug, dass dir hilft, neue und raffinierte Speisen zuzubereiten. Damit kannst du nicht nur Gemüse und Obst schneiden, sondern es dekorativ anrichten. Das erlaubt dir aber mehr, als nur einen neuen Look auf die Teller zu bringen. Damit kannst du ganz neue Geschmäcker in deine Küche bringen.

Es gibt grundsätzlich zwei Formen von Spiralschneidern. Die eine Art hat eine Kurbel und du musst selbst Hand anlegen. Die andere Art verfügt über einen elektrischen Motor und verrichtet die Arbeit selbst.

Beide Arten erlauben es dir jedoch, relativ schnell und einfach dein Obst und Gemüse nach deinen Vorlieben zuzuschneiden. Es ist dann nur eine Frage des Geschmacks und des Preises, ob du mit einer Maschine oder mit deiner Hand arbeitest.

Die Nutzung des Spiralschneiders selbst ist keine Wissenschaft. Spann einfach das Gemüse oder Obst entsprechend ein und dann leg los. Du bekommst sehr schnell eine lange Spirale aus dem, was du eingespannt hast.

Nach Gebrauch solltest du den Spiralschneider, wie jedes andere Küchenutensil auch, reinigen. Damit bleiben keine Essensrückstände zurück, die den Geschmack des nächsten Gerichts beeinflussen könnten oder, noch schlimmer, verderben.

KAPITEL 2:

SPIRALSCHNEIDER-GERICHTE FÜR HAUPTMAHLZEITEN

Gemüsenudeln mit Bolognese und Feta

Zeit: 40 Minuten

Portionen: 4

Zutaten:

Basilikum	3 Stiele
Feta	3
Harissa	
Knoblauch	2 Zehen
Öl	4 EL

Pfeffer

Rinderhack 400 g

Salz

Süßkartoffeln   2

Tomaten   1 Dose

Tomatenmark

Zimt

Zucchini   2

Zwiebeln   2

Zubereitung:

1.   Schäle und würfle die Zwiebeln und den Knoblauch.

2.   Erhitze Öl in einem Topf und brate das Hack krümelig an.

3.	Brate den Knoblauch und die Zwiebeln kurz mit.

4.	Würze das Ganze mit ½ TL Zimt, Pfeffer und Salz.

5.	Rühre das Tomatenmark und Harissa hinein.

6.	Gib die Tomaten und 200 ml Wasser dazu.

7.	Koche das Ganze kurz auf und lass es danach für 15 Minuten köcheln. Rühre es dabei gelegentlich um.

8.	Schäle die Zucchini und die Süßkartoffeln. Wasche und putze beides.

9.	Schneide das Gemüse mit dem Spiralschneider zu Nudeln.

10.	Erhitze Öl in einer Pfanne und brate die Nudeln aus Süßkartoffeln darin für 3 Minuten an.

11.	Gib die Zucchininudeln dazu und brate alles für weitere 4 Minuten. Wende es dabei immer wieder.

12.	Würze das Ganze mit Pfeffer und Salz.

13.	Richte die Nudeln mit der Bolognese an und gib den Feta sowie Basilikum darüber.

Gemüsenudeln mit Curry und Hähnchen

Zeit: 25 Minuten

Portionen: 4

Zutaten:

Basilikum	4 Stiele
Currypulver	1 TL
Frischkäse	150 g
Gemüsebrühe	200 ml
Hähnchenfilet	500 g
Kirschtomaten, rot und gelb	150 g
Öl	2 EL
Pfeffer	
Salz	
Zucchini	600 g

Zubereitung:

1.   Schneide die Zucchini mit dem Spiralschneider zu Nudeln.

2.   Wasche, trockne und würze das Filet.

3.   Gib etwas Öl in eine Pfanne und brate das Fleisch darin für 7 Minuten von allen Seiten an.

4.   Halbiere die Tomaten. Brate sie für 3 Minuten zusammen mit dem Fleisch in der Pfanne.

5.   Erhitze in einer zweiten Pfanne etwas Öl und schwitze das Currypulver darin an.

6.   Gib den Frischkäse und die Brühe dazu und schmecke das Ganze mit Pfeffer und Salz ab.

7.   Lass die Soße für 4 Minuten köcheln.

8.   Wasche und trockne das Basilikum und zupfe die Blättchen ab. Schneide die

Stiele klein. Gib es mit den Tomaten und der Zucchini in die Soße.

9.   Erhitze das Ganze für 3 Minuten.

10.   Gib das Fleisch auf einen Teller und schneide es in Streifen.

11.   Gib die Nudeln mit der Soße dazu und garniere es mit dem Rest des Basilikums.

Gemüsenudeln pur

Zeit: 30 Minuten

Portionen: 4

Zutaten:

Ingwer	20 g
Limette	1
Knoblauch	2 Zehen
Pfeffer	
Röstzwiebeln	4 EL

Salz

Sesam	2 EL
Sojasoße, hell	4 EL
Sonnenblumenöl	2 EL
Tofu, geräuchert	350 g
Zucchini	1 kg

Zubereitung:

1.   Schneide die Zucchini mit dem Spiralschneider zu Nudeln.

2.   Schäle den Ingwer und hacke ihn.

3.   Zerbrösel den Tofu.

4.   Press die Limette aus.

5.   Schäle und hacke den Knoblauch.

6.   Erhitze Öl in einer Pfanne und brate den Tofu für 5 Minuten darin. Wende ihn dabei immer wieder.

7.   Gib nach 3 Minuten den Knoblauch, Sesam und Ingwer dazu.

8.   Würze das Ganze mit der Sojasoße.

9.   Nimm es aus der Pfanne und halte es warm.

10.   Erhitze Öl in einer anderen Pfanne und dünste die Nudeln darin für 4 Minuten an.

11.   Schmecke sie mit Pfeffer, Salz und Limettensaft ab.

12.   Richte die Nudeln mit dem Tofu an und streu die Röstzwiebeln darüber.

Gemüsenudeln mit Bolognese

Zeit: 45 Minuten

Portionen: 4

Zutaten:

Basilikum	ein wenig
Rinderhack	250 g
Gemüsebrühe	1 TL
Mehl	1 EL
Möhren	600 g
Olivenöl	1 EL
Parmesan	40 g
Pfeffer	
Salz	
Suppengrün	1 Bund
Tomatenmark	2 EL

| Zucchini | 1,5 kg |
| Zwiebel | 1 |

Zubereitung:

1. Schneide die Zucchini und Möhren mit dem Spiralschneider zu Nudeln.

2. Putze das Suppengrün und wasche es. Schneide es in Würfel.

3. Schneide die Zwiebel in Stücke.

4. Erhitze das Öl in einer Pfanne.

5. Brate das Hack darin.

6. Würze es mit Pfeffer und Salz.

7. Gib das Gemüse und die Zwiebeln dazu.

8. Dünste das Ganze zusammen.

9. Rühre das Tomatenmark hinein.

10.   Gib das Mehl darüber und schwitze alles gut an.

11.   Gieße 400 ml Wasser dazu und rühre danach die Gemüsebrühe hinein.

12.   Koche das Ganze kurz auf und lass es danach für 8 Minuten köcheln.

13.   Gare die Gemüsenudeln für 5 Minuten in kochendem Wasser.

14.   Gieße sie ab und fang ein wenig Kochwasser auf.

15.   Gib die Gemüsenudeln zur Bolognese und mische alles gut.

16.   Rühre ein wenig Kochwasser in die Soße.

17.   Reibe den Käse.

18.   Richte die Gemüsenudeln mit der Bolognesesoße an.

19.   Streue den Parmesan und das
Basilikum darüber.

Gemüsenudeln mit Halloumi

Zeit: 30 Minuten

Portionen: 4

Zutaten:

Basilikum	5 Stiele
Halloumi	200 g
Möhren	2
Öl	1 EL
Pappardelle Nudeln	200 g
Pfeffer	
Salz	
Tomaten	3
Tomatensaft	250 ml
Zucchini	1
Zwiebeln	1

Zubereitung:

1.   Schneide die Tomaten in Stücke.

2.   Schneide die Zucchini und Möhren mit dem Spiralschneider zu Nudeln.

3.   Schneide den Käse in Scheiben.

4.   Hacke das Basilikum.

5.   Würfel die Zwiebel.

6.   Koche die Nudeln entsprechend der Packungsanweisungen.

7.   Erhitze das Öl in einer Pfanne und dünste darin die Zwiebel an.

8.   Gib den Tomatensaft hinein und köchle alles für 3 Minuten.

9.   Schmecke alles mit Pfeffer und Salz ab.

10.   Gib die Möhrennudeln dazu und gare das Ganze.

11.   Gib nach 2 Minuten die Zucchini und Tomaten dazu.

12.   Gare alles zusammen für 2 weitere Minuten.

13.   Gib Öl in eine Grillpfanne.

14.   Brate den Käse darin für 4 Minuten.

15.   Gieße die Nudeln ab und gib sie mit dem Basilikum in die Soße.

16.   Vermenge alles.

17.   Gib die Nudeln und den Käse auf Teller und richte alles mit dem Basilikum an.

Gemüsenudeln mit Kräuterschnitzel

Zeit: 30 Minuten

Portionen: 4

Zutaten:

Bandnudeln	250 g
Eier	2
Erbsen, tiefgefroren	100 g
Knoblauch	1 Zehe
Mehl	2 EL
Öl	4 EL
Paprika	1 Schote
Parmesan	50 g
Petersilie	5 Stiele
Pfeffer	

QimiQ   250 g

Salz

Schweineschnitzel, dünn 6

Zucchini   1

Zubereitung:

1.   Wasch die Zucchini und schneide sie mit dem Spiralschneider zu Nudeln.

2.   Schneide die Paprika in Streifen.

3.   Hacke die Petersilie und den Knoblauch.

4.   Koch die Nudeln entsprechend der Packungsanweisungen.

5.   Halbiere die Schnitzel und klopfe sie flach.

6.   Reibe den Parmesan und verschlage ihn mit den Eiern und der gehackten Petersilie.

7.   Würze die Schnitzel mit Pfeffer und Salz und wende sie in Mehl.

8.   Zieh die Schnitzel durch die Masse aus Eiern und Käse.

9.   Erhitze sie mit etwas Öl in der Pfanne und brate sie für 4 Minuten auf mittlerer Stufe.

10.   Dünste die Paprika in einer anderen Pfanne mit etwas Öl für 3 Minuten an.

11.   Gib die Zucchini, die Erbsen und den Knoblauch dazu.

12.   Gare das Ganze für weitere 2 Minuten.

13.   Rühre die QimiQ hinein.

14.   Würze das Ganze mit Pfeffer und Salz.

15.   Lass alles für 3 Minuten köcheln.

16.   Gieß die Nudeln ab und vermenge sie mit dem Gemüse.

17.   Schmecke das Ganze ab und richte es mit der restlichen Petersilie an.

Gemüsenudeln mit gratiniertem Lachs

Zeit: 45 Minuten

Portionen: 5

Zutaten:

Bandnudeln	300 g
Beeren	
Dill	½ Bund
Lachsfilet	600 g
Möhren	200 g
Öl	1 EL
Orange	1
Pfeffer	
Salz	
Sauce Hollandaise 250 ml	

Zucchini   200 g

Zubereitung:

1.   Wasche die Orange heiß und reibe sie trocken. Schneide die Schale in Streifen.

2.   Halbiere die Orange.

3.   Presse den Saft aus.

4.   Koch diesen in einem Topf kurz auf und danach auf ¼ seines Volumens ein.

5.   Rühre die Hollandaise unter.

6.   Zupfe den Dill und schneide ihn in Stücke.

7.   Wasche, trockne und schneide den Lachs in Streifen und würze ihm mit Pfeffer und Salz.

8.   Schäle die Möhren und putze die Zucchini.

9.	Schneide beides mit einem Spiralschneider in dünne Nudeln.

10.	Erhitze Öl in einer Pfanne und brate den Fisch darin von allen Seiten an.

11.	Lege ein Backblech mit Papier aus und gib den Fisch darauf.

12.	Rühre den Dill unter die Soße und verteile diese über den Lachs.

13.	Heize den Ofen vor und backe den Fisch für 5 Minuten.

14.	Koche die Nudeln wie auf der Packung angegeben.

15.	Gib die Gemüsenudeln für eine Minute dazu.

16.	Richte den Lachs mit dem Dill, der Orangeschale und den Beeren an.

17.	Reiche dazu die Nudeln und die Gemüsenudeln.

Gemüsenudeln mit Rinderfilet

Zeit: 50 Minuten

Portionen: 4

Zutaten:

Butter

Mehl

Möhren   3

Muskatnuss, gerieben

Pfeffer

Rinderbrühe   1 l

Rinderfilet   600 g

Rosmarin   2 Zweige

Rotwein   400 ml

Salz

Spaghetti   200 g

Staudensellerie	100 g
Thymian	2 Stiele
Zucchini	1
Zwiebel	1

Zubereitung:

1.   Schäle und würfle eine Möhre und die Zwiebel.

2.   Würfle den Sellerie.

3.   Vermische das Gemüse mit den Kräutern und dem Pfeffer.

4.   Gib den Rotwein dazu.

5.   Trockne das Fleisch und binde es mit Küchengarn in die richtige Form.

6.   Leg das Fleisch in den Rotweinsud.

7.   Achte darauf, dass das Fleisch komplett bedeckt ist.

8.   Deck das Ganze zu und stell es für eine Stunde kalt.

9.   Gib 800 ml Brühe in einen Topf und koch sie auf.

10.   Nimm das Fleisch aus dem Sud. Binde es an einen Kochlöffel und lege diesen so über den Topf mit der Brühe, dass das Fleisch darüber hängt.

11.   Gare das Ganze so für 30 Minuten, ohne dass die Brühe kocht.

12.   Koch den Sud mit dem Rest der Brühe in einem anderen Topf auf und lass das Ganze für 20 Minuten köcheln.

13.   Schäle die anderen beiden Möhren und schneide sie zusammen mit der Zucchini mit einem Spiralschneider zu Nudeln. Decke sie ab und stell sei zur Seite.

14.   Koch die Nudeln gemäß der Packungsanweisung.

15.   Gieß den Rotweinsud durch ein Sieb.

16.   Schmelze 1 EL Butter in einem Topf und schwitze das Mehl darin an.

17.   Gieß den Fond unter Rühren dazu.

18.   Köchle alles auf kleiner Stufe.

19.   Gieß die Nudeln ab.

20.   Schmelze 1 EL Butter im Topf mit den Nudeln.

21.   Gib die Gemüsenudeln dazu und dünste das Ganze unter ständigem Wenden.

22.   Vermenge die Gemüsenudeln mit den Nudeln.

23.   Schmecke das Ganze mit Muskat und Salz ab.

24.   Nimm das Fleisch aus der Brühe.

25.   Entferne das Küchengarn.

26.   Erhitze 1 TL Butter und etwas Öl in einer Pfanne.

27.   Brate das Fleisch darin von allen Seiten an und würze es mit Pfeffer und Salz.

28.   Schneide das Fleisch in Scheiben.

29.   Schmecke die Soße mit Pfeffer und Salz ab.

30.   Richte die Nudeln mit den Gemüsenudeln, dem Fleisch und der Soße gemeinsam an.

31.   Streu Pfeffer darüber.

Gemüsenudeln mit Schweinekoteletts

Zeit: 30 Minuten

Portionen: 4

Zutaten:

Butter

Malzbier   1 Flasche

Nudeln   300 g

Olivenöl   1 EL

Petersilie   ½ Bund

Pfeffer

Salz

Schweinekoteletts 4

Soßenbinder

Suppengrün   1 kleines Bund

Zucker

Zwiebeln, rot   1

Zubereitung:

1.   Wasche, putze und wasche das Suppengrün.

2.   Schneide den Sellerie mit dem Spiralschneider zu Nudeln.

3.   Schneide den Porree in Ringe und die Möhren in Scheiben.

4.   Schäle die Zwiebeln und schneide sie in Spalten.

5.   Koche die Nudeln gemäß der Packungsanweisung.

6.   Gib das Gemüse zu den Nudeln und koche es mit.

7.   Wasche das Fleisch und tupfe es trocken.

8.   Erhitze Öl in einer Pfanne und brate das Fleisch darin von allen Seiten an.

9.   Würze es mit Pfeffer und Salz und nimm es heraus. Stell es warm.

10.   Brate die Zwiebeln im Bratfett an.

11.   Lösche sie mit dem Bier ab.

12.   Gib die Butter dazu und lass alles für 3 Minuten köcheln.

13.   Dicke das Ganze mit dem Soßenbinder an und koche es erneut auf.

14.   Schmecke es mit Zucker, Pfeffer und Salz ab.

15.   Hacke die Petersilie.

16.   Gieß die Nudeln mit dem Gemüse ab und lass sie abtropfen.

17.   Gib 1 EL Butter und die Petersilie in den Topf.

18.   Schwenke sie und würze sie mit Pfeffer und Salz.

19.   Richte alles an und garniere es mit der Petersilie.

Mozzarella mit Gemüsenudeln

Zeit: 25 Minuten

Portionen: 1

Zutaten:

Bandnudeln   50 g

Kirschtomaten   50 g

Knoblauch   1 Zehe

Kräuter der Provence, getrocknet

Mozzarella   50 g

Öl   1 TL

Paprika   1 Schote

Pfeffer

Salz

Zucchini, geputzt   1

Zubereitung:

1.   Wasche das Gemüse und schneide es mit dem Spiralschneider zu Nudeln.

2.   Hacke den Knoblauch.

3.   Koche die Nudeln in Salzwasser.

4.   Gib das Öl in eine Pfanne.

5.   Gib den Knoblauch mit der Zucchini und der Paprika hinein und brate alles für 5 Minuten.

6.   Gib die Kräuter und die Tomaten dazu und brate alles für weitere 2 Minuten.

7.   Würze das Ganze mit Pfeffer und Salz.

8.   Schneide den Mozzarella klein.

9.   Gieß die Nudeln ab.

10.   Mische die Nudeln mit dem Käse und dem Gemüse.

Gemüsenudeln mit Käse und Kräutern

Zeit: 25 Minuten

Portionen: 4

Zutaten:

Champignons	250
Frischkäse	200 g
Gemüsebrühe	200 ml
Kirschtomaten	150 g
Pfeffer	
Salz	
Speck, in Streifen	100 g
Thymian	8 Stiele
Zucchini	400 g

Zubereitung:

1.   Säubere, putze und halbiere die Champignons. Schneide sie in dicke Scheiben.

2.   Wasche und halbiere die Tomaten.

3.   Wasche und trockne den Thymian. Hacke seine Blätter.

4.   Schneide die Zucchini mit einem Spiralschneider zu Nudeln.

5.   Dünste die Nudeln für 4 Minuten in einer Pfanne mit ein wenig Öl.

6.   Lass den Speck auf mittlerer Stufe für 2 Minuten aus.

7.   Gib die Pilze dazu und brate das Ganze für 5 Minuten.

8.   Gib die Kirschtomaten dazu und brate alles für eine weitere Minute.

9.   Nimm alles aus der Pfanne und lösche den Satz mit Brühe ab.

10.   Rühre den Frischkäse und die Hälfte des Thymians hinein.

11.   Schmecke das Ganze mit Pfeffer und Salz ab.

12.   Lass alles für 2 Minuten köcheln.

13.   Nimm die Nudeln aus der anderen Pfanne und gib sie auf Teller.

14.   Gib das Gemüse und den Speck in die Soße.

15.   Gieß diese über die Nudeln.

16.   Streu den Rest des Thymians darüber.

Gemüsenudeln überbacken

Zeit: 60 Minuten

Portionen: 4

Zutaten:

Broccoli	500 g
Butter	ein wenig
Champignons	500 g
Gemüsebrühe	200 ml
Mehl	1 EL
Knoblauch	1 Zehe
Mozzarella	125 g
Olivenöl	1 EL
Pfeffer	
Pizzagewürz	2 TL
Salz	

Schinken	4 Scheiben
Thymian	
Tomaten	1 Dose
Tomatenmark	1 EL
Zucchini	300 g
Zwiebel	1

Zubereitung:

1. Schäle den Knoblauch und die Zwiebel. Schneide die Zwiebel in Würfel und presse den Knoblauch.

2. Erhitze das Öl in einem Topf.

3. Schwitze den Knoblauch und die Zwiebel darin an. Stäube das Mehl darüber, schwitze alles erneut an und lösch es mit der Brühe ab.

4.   Zerschneide die Tomaten und gib sie mit dem Tomatenmark dazu.

5.   Würze alles mit de Pizzagewürz und Pfeffer sowie dem Salz.

6.   Koche das Ganze auf und lass es für 8 Minuten köcheln.

7.   Scheide die Zucchini mit dem Spiralschneider zu Nudeln und schwitze sie in einer anderen Pfanne für einen Moment in Öl an.

8.   Putze den Broccoli und teile ihn in Röschen.

9.   Gib ihn in einen Topf mit Wasser. Gib die Zucchininudeln dazu und koche alles für 4 Minuten.

10.   Gieße es durch ein Sieb ab und lass es abtropfen.

11.   Putze die Champignons, säubere und halbiere sie.

12. Erhitze etwas Fett in einer beschichteten Pfanne und braten die Champignons von allen Seiten darin an.

13. Würze sie mit Pfeffer und Salz.

14. Würfel den Schinken.

15. Schneide den Mozzarella in Scheiben.

16. Nimm dir eine große Auflaufform.

17. Fette sie ein.

18. Gib das Broccoli-Nudelgemisch und die Champignons, sowie den Schinken hinein.

19. Mische alles durch.

20. Gieß die Tomatensoße darüber.

21. Leg den Mozzarella obendrauf.

22. Heize den Ofen auf 175 Grad vor.

23. Backe alles für 25 Minuten.

24.   Garniere es mit Thymian und serviere
es.

Gemüsenudeln mit Knoblauchsoße

Zeit: 30 Minuten

Portionen: 1

Zutaten:

Butter

Champignons   100 g

Knoblauch   1 Zehe

Möhren   200 g

Salz

Saure Sahne   75 g

Schnittlauchröllchen   1 EL

Speisestärke   1 TL

Zucchini   250 g

Zubereitung:

1.   Wasche und putze die Zucchini und Möhren.

2.   Schneide beides mit einem Spiralschneider zu Nudeln.

3.   Putze die Champignons. Wasche sie und schneide sie in Streifen.

4.   Schäle den Knoblauch und zerdrücke ihn.

5.   Blanchiere die Möhrennudeln in Salzwasser für 2 Minuten.

6.   Füge die Zucchininudeln dazu und blanchiere alles für weitere 2 Minuten.

7.   Lass die Nudeln abtropfen.

8.   Nimm dir eine Pfanne.

9.   Erhitze Fett darin und dünste den Knoblauch darin an.

10.   Füge die Champignons hinzu und brate sie an.

11.   Würze sie mit Pfeffer und Salz und lösche sie mit 4 EL Wasser ab.

12.   Verquirle die Sahne mit der Stärke und füge sie unter ständigem Rühren zu den Champignons.

13.   Gib die Nudel auf einen Teller und die Champignonsoße darüber. Bestreue alles mit Schnittlauch.

Gemüsenudeln mit Kräutersoße

Zeit: 30 Minuten

Portionen: 4

Zutaten:

Gemüsebrühe	500 ml
Möhren	200 g
Öl	1 EL
Oliven, schwarz und entsteint	10
Pfeffer	
Salz	
Schlagsahne	200 g
Soßenbinder	3 EL
Thymian	½ Bund
Zucchini	400 g
Zwiebeln	1

Zubereitung:

1.   Putze die Zucchini, wasche sie und schneide sie mit dem Spiralschneider zu Nudeln.

2.   Wiederhole das Ganze mit den Möhren.

3.   Bring einen Topf mit Salzwasser zum Kochen.

4.   Gib die Möhrennudeln hinein und gare sie für 2 Minuten.

5.   Gib die Zucchininudeln dazu und gare das Ganze für weitere 3 Minuten.

6.   Schäle die Zwiebeln und schneide sie in Würfel.

7.   Erhitze Öl in einer Pfanne und dünste die Zwiebeln darin an.

8.   Lösche sie mit der Brühe und der Sahne ab und lass das Ganze aufkochen.

9.   Gib den Soßenbinder dazu und würze das Ganze mit Pfeffer und Salz.

10.   Wasche und trockne die Petersilie und Thymian.

11.   Hacke beides.

12.   Gib es zur Soße und rühre es unter.

13.   Gieße die Gemüsenudeln ab und lass sie abtropfen.

14.   Drehe sie zu kleinen Nestern und richte sie auf einem Teller an.

15.   Gib die Soße darüber.

16.   Schneide die Oliven in Hälften.

17.   Streu sie darüber.

Gemüsenudeln süß-sauer

Zeit: 45 Minuten

Portionen: 4

Zutaten:

Balsamessig	3 EL
Hähnchenfilets	4
Hühnerbrühe	500 ml
Kapuzinerblüten	
Möhren	750 g
Pfefferkörner, grün	1 EL
Salz	
Zucker	3 EL
Zucchini	300 g

Zubereitung:

1.   Wasche und schäle die Möhren. Schneide sie und die Zucchini mit dem Spiralschneider zu Nudeln.

2.   Blanchiere die Möhrennudeln für 2 Minuten in Salzwasser. Gib die Zucchininudeln dazu und blanchiere beides für weitere 3 Minuten.

3.   Nimm die Nudeln aus dem Wasser und lass sie abtropfen.

4.   Wasche die Hähnchenfilets.

5.   Koch die Hühnerbrühe und gib die Filets hinein.

6.   Gare sie für 15 Minuten.

7.   Lass den Zucker schmelzen.

8.   Lösche ihn mit 250 ml von der Hühnersuppe ab.

9.   Gib die Pfefferkörner dazu.

10.   Lass alles für 2 Minuten kochen.

11.	Schmecke es mit Essig und Salz ab.

12.	Gib die Filets hinzu.

13.	Schneide sie in dünne Scheiben.

14.	Wende die Nudeln danach in der Soße und gib alles zusammen auf Teller.

15.	Garniere es mit den Kapuzinerblüten.

Gemüsenudeln mit Lachs

Zeit: 40 Minuten

Portionen: 4

Zutaten:

Dill	½ Bund
Dillblüten	
Lachsfilet	500 g
Lorbeer	3 Blätter
Mehl	20 g
Möhren	500 g
Öl	3 EL
Pfeffer	
Pfefferkörner, schwarz	10
Prosecco	50 ml
Salz	

Schlagsahne	200 g
Zitrone, Saft	1
Zitronenpfeffer	
Zitronenscheiben	
Zucchini	500 g
Zucker	
Zwiebeln	2

Zubereitung:

1.   Wasche den Fisch und entferne die Gräten.

2.   Schneide ihn in 4 Streifen.

3.   Putze die Möhren und schneide sie gemeinsam mit der Zucchini mit dem Spiralschneider zu Nudeln.

4.   Schäle die Zwiebeln. Schneide sie in Stücke.

5.   Gib 750 ml Wasser, die Zwiebeln, den Lorbeer, den Zitronensaft, die Pfefferkörner und das Salz in einen Topf.

6.   Lassr alles kurz aufkochen.

7.   Füge den Fisch hinzu und lass alles für 8 Minuten auf niedriger Hitze garziehen.

8.   Gib die Gemüsenudeln in kochendes Salzwasser und blanchiere sie für 5 Minuten.

9.   Gib sie in ein Sieb und lasse sie abtropfen.

10.   Nimm 125 ml Fischfond ab und stell diesen zur Seite.

11.   Erhitze etwas Öl. Brate die Zwiebeln darin glasig an.

12.   Bestäube die Zwiebeln mit Mehl und schwitze das Ganze an.

13.   Lösche alles mit dem Fischfond, der Sahne und dem Prosecco ab.

14.   Lass alles aufkochen und schmecke es mit Pfeffer, Salz und Zucker ab.

15.   Wasch den Dill und hacke ihn.

16.   Richte den Fisch auf den Nudeln mit der Soße an.

17.   Bestreue sie mit Dill und Pfeffer.

Gemüsenudeln mit Putenschnitzeln

Zeit: 25 Minuten

Portionen: 4

Zutaten:

Apfel	1
Calvados	100 ml
Hühnerbrühe	250 ml
Möhre	1
Öl	2 EL
Pfeffer	
Putenschnitzel	600 g
Salz	
Soßenbinder, hell	2 EL
Teewurst	120 g

Thymian   5 Stiele

Zucchini   350 g

Zubereitung:

1.   Wasche die Putenschnitzel und tupfe sie trocken.

2.   Würze sie mit Pfeffer und Salz.

3.   Wasche den Thymian und zupfe die Blättchen vom Stiel.

4.   Wasch den Apfel und stech das Kerngehäuse aus.

5.   Schneide den Apfel in Scheiben.

6.   Schneide das Fleisch in 4 Schnitzel.

7.   Gib auf jedes Schnitzel 2 Apfelscheiben und 30 g Teewurst.

8.   Streu den Thymian darüber.

9.	Klappe die Schnitzel zur Hälfte über und stecke sie mit Holzspießen fest.

10.	Nimm dir eine Pfanne und erhitze das Öl darin.

11.	Brate die Schnitzel darin für 5 Minuten von jeder Seite.

12.	Schäle die Möhren. Schneide sie und die Zucchini mit dem Spiralschneider zu Gemüsenudeln.

13.	Blanchiere die Nudeln für 5 Minuten in Salzwasser.

14.	Nimm die Schnitzel aus der Pfanne.

15.	Gib die Brühe und den Calvados in die gleiche Pfanne und koche beides auf.

16.	Rühre den Soßenbinder hinein.

17.	Koche alles erneut auf und schmecke es mit Pfeffer und Salz ab.

18.   Gieß die Nudeln ab und richte sie auf einem Teller an.

19.   Gib das Fleisch und die Soße dazu.

20.   Streue den Thymian darüber.

Gemüsenudeln mit überbackenen Putenmedaillons

Zeit: 40 Minuten

Portionen: 4

Zutaten:

Blattspinat	250 g
Cheddar	75 g
Knoblauch	1 Zehe
Möhren	250 g
Öl	3 EL
Pfeffer	
Putenfilets	2
Salz	
Schnittlauch	1 Bund
Zucchini	250 g

Zwiebel   1

Zubereitung:

1.   Wasch die Filets und tupfe sie trocken.

2.   Schneide sie in Medaillons.

3.   Erhitze das Öl in einer Pfanne.

4.   Brate die Medaillons darin für 8 Minuten von allen Seiten an. Würze sie mit Pfeffer und Salz und nimm sie aus der Pfanne.

5.   Schäle die Zwiebeln und den Knoblauch und hacke beides klein. Dünste das Ganze im Bratfett der Medaillons.

6.   Putze den Spinat und wasche ihn. Gib ihn noch nass in die Pfanne zum Knoblauch und den Zwiebeln.

7.   Decke das Ganze ab und gare es für 3 Minuten.

8.   Schmecke den Inhalt der Pfanne mit Pfeffer und Salz ab und lass es in einem Sieb abtropfen.

9.   Raspel den Käse.

10.   Leg ein Backblech mit Backpapier aus und gib die Medaillons darauf.

11.   Gib den Spinat darüber.

12.   Streu den Käse darüber.

13.   Heize den Ofen auf 200 Grad vor und backe das Ganze für 12 Minuten.

14.   Schneide die Möhren und die Zucchini mit einem Spiralschneider zu Nudeln.

15.   Koche etwas Salzwasser und blanchiere beides darin für 5 Minuten.

16.   Lass die Nudeln abtropfen.

17.   Richte die Medaillons mit dem Spinat und Käse sowie den Nudeln auf einer Platte an.

Gemüsenudeln mit Pesto und Putenröllchen

Zeit: 35 Minuten

Portionen: 4

Zutaten:

Basilikum-Pesto	4 TL
Creme fraiche	1 EL
Gemüsebrühe	200 ml
Mehl	1 TL
Möhren, mittelgroß	2
Öl	2 EL
Parmaschinken	4 Scheiben
Pfeffer	
Putenschnitzel	4
Salz	

Zucchini   200 g

Zubereitung:

1.   Schäle die Möhren und schneide sie sowie die Zucchini mit dem Spiralschneider zu Nudeln.

2.   Koch etwas Salzwasser und blanchiere darin die Nudeln für 5 Minuten.

3.   Gib die Putenschnitzel zwischen Frischhaltefolie auf eine Arbeitsfläche und klopfe sie flach.

4.   Würze sie auf beiden Seiten mit Pfeffer und Salz und bestreiche sie danach auf jeder Seite mit 1 TL Pesto.

5.   Lege auf jedes Schnitzel eine Scheibe Parmaschinken.

6.   Roll die Schnitzel auf und fixiere sie mit Zahnstochern.

7.   Gib etwas Öl in eine Pfanne und erhitze es.

8.   Gib die Röllchen hinein und brate sie von allen Seiten goldbraun an.

9.   Lege ein Backblech mit Backpapier aus.

10.   Heize den Ofen auf 200 Grad und Umluft vor.

11.   Gib die Röllchen auf das Blech und gare sie für 15 Minuten im Ofen.

12.   Gib derweil das Mehl in den Bratensatz in der Pfanne und lösche das Ganze unter ständigem Rühren mit der Brühe ab.

13.   Köchel die Soße für 2 Minuten und gib die Creme fraiche dazu.

14.   Würze die Soße mit Pfeffer und Salz.

15.   Gieß die Nudeln ab und erhitze etwas Öl ein einer anderen Pfanne.

16.   Gib die Nudeln hinein. Lösche sie mit 3 EL Wasser ab und gare sie für 3 Minuten.

17.   Würze die Nudeln mit Pfeffer und Salz und gib sie auf einen Teller.

18.   Schneide die Putenröllchen in Scheiben und gib sie zu den Nudeln.

19.   Richte die Soße dazu auf dem Teller an.

Gemüsenudeln pikant

Zeit: 30 Minuten

Portionen: 4

Zutaten:

Butter	30 g
Gemüsebrühe	250 ml
Gouda	100 g
Knollensellerie	150 g
Mehl	20 g
Milch	200 ml
Möhren	150 g
Petersilie	1 Bund
Porree	200 g
Zucchini	400 g

Zubereitung:

1.   Schäle die Möhren und schneide sie und die Zucchini zusammen mit dem Spiralschneider zu Nudeln. Gib sie in Salzwasser und koche sie für 5 Minuten.

2.   Putze und wasche den Porree. Schneide ihn in dünne Streifen.

3.   Schäle und wasche den Sellerie und schneide ihn in Stifte.

4.   Gib den Porree und den Sellerie zu den Nudeln und koche das Ganze für weitere 4 Minuten.

5.   Schmilz die Butter in einem Topf. Gib das Mehl darüber und schwitze das Ganze kurz an. Rühre nach und nach sowohl die Brühe als auch die Milch hinein.

6.   Reibe den Käse und rühre ihn ebenfalls in die Soße.

7.	Wasche und trockne die Petersilie. Hacke die Blätter grob.

8.	Gieß die Nudeln mit dem Gemüse ab und richte sie mit der Soße an.

Gemüsenudeln mit Schweinemedaillons

Zeit: 40 Minuten

Portionen: 4

Zutaten:

Broccoli	375 g
Butter	1 EL
Frühstücksspeck	8 Scheiben
Gemüsefond	200 ml
Käse	200 g
Knoblauch	1 Zehe
Öl	2 EL
Petersilie	
Pfeffer	
Schweinemedaillons	8

Spargel	500 g
Salz	
Weißwein	100 ml
Zucchini	250 g
Zwiebel	1

Zubereitung:

1. Wasche und schäle den Spargel. Entferne die holzigen Enden und schneide den Rest in Stücke.

2. Putze und wasche den Broccoli und teile ihn in Röschen.

3. Schneide die Zucchini mit dem Spiralschneider in Nudeln.

4. Bring Salzwasser in einem Topf zum Kochen. Gib das Gemüse, aber noch nicht die Nudeln, hinein.

5.   Koch das Gemüse für 4 Minuten. Gib die Zucchininudeln dazu und gare alles zusammen für weitere 6 Minuten.

6.   Wasche das Fleisch, tupfe es trocken und umwickel es mit Speck.

7.   Erhitze etwas Öl in einer Pfanne und brate das Fleisch darin für 5 Minuten von allen Seiten an.

8.   Würze es mit Pfeffer und Salz.

9.   Hacke den Knoblauch und die Zwiebeln.

10.   Dünste beides in Butter an und lösche es mit dem Fond und Weißwein ab.

11.   Koche das Ganze bei großer Hitze für 3 Minuten.

12.   Reibe den Käse darüber und rühre ihn ein. Schmecke das Ganze mit Pfeffer und Salz ab.

13.	Nimm die Nudeln und das Gemüse aus dem Salzwasser und lass es abtropfen.

14.	Schwenke beides kurz im Bratensatz und gib es danach auf Teller.

15.	Richte die Nudeln mit den Medaillons und der Soße an.

16.	Garniere das Ganze mit der Petersilie.

Gemüsenudeln mit Entenbrust und Asia-Soße

Zeit: 45 Minuten

Portionen: 4

Zutaten:

Asia Gewürz Sauce, süß sauer	50 g
Entenbrust	350 g
Ingwer	10 g
Knoblauch	1 Zehe
Minze	
Möhren	450 g
Öl	1 EL
Pfeffer	
Salz	
Schnittlauch	½ Bund

Sesam	2 EL
Sojasoße	1 EL
Tomatenketchup	2 EL
Zucchini	2
Zwiebel	1

Zubereitung:

1.   Röste den Sesam ohne Fett in einer Pfanne.

2.   Nimm ihn heraus und stell ihn zur Seite.

3.   Wasche die Entenbrust und tupfe sie trocken.

4.   Nimm dir eine Pfanne und erhitze etwas Öl darin.

5.   Brate sie darin zuerst auf der Haut- und danach auf der Fleischseite an.

6.   Nimm sie aus der Pfanne und schneide sie rautenförmig ein.

7.   Gib sie zurück in die Pfanne und würze sie mit Pfeffer und Salz.

8.   Brate sie bei kleiner Hitze von allen Seiten für 20 Minuten.

9.   Putze die Zucchini und die Möhren.

10.   Schneide beides mit einem Spiralschneider zu Nudeln.

11.   Schäle den Knoblauch, die Zwiebel und den Ingwer.

12.   Schneide die Zwiebel und den Ingwer in Würfel und presse den Knoblauch.

13.   Wasche den Schnittlauch, tupfe ihn trocken und schneide ihn in Röllchen.

14.   Nimm die Entenbrust heraus und wickle sie in Alufolie.

15.   Gieß die Hälfte des Bratfetts ab.

16.   Gib die Zwiebel, den Knoblauch und
den Ingwer in den Rest des Bratfetts in der
Pfanne und dünste alles an.

17.   Lösche das Ganze mit 5 EL Wasser und
dem Bratensatz ab.

18.   Gib die Asia-Sauce und den Ketchup
dazu.

19.   Gieße den Bratensaft aus der Folie in
die Soße und danach noch die Sojasoße
dazu.

20.   Koche ausreichend Salzwasser und
gare die Gemüsenudeln darin.

21.   Gieße die Nudeln in ein Sieb und lass
sie abtropfen.

22.   Schneide die Entenbrust in Scheiben
und richte diese mit den Nudeln auf Tellern
an.

23.   Gib die Soße darüber und verteile
darauf den Sesam und den Schnittlauch.

24.   Garniere das Ganze mit der Minze.

82

Spiralschneider-Spirelli mit Kassler

Portionen: 2

Zutaten:

Eier	2
Kartoffeln	2
Kassler, mit Knochen und gekocht	2
Paprika, edelsüß	
Petersilie	
Pfeffer	
Rapsöl	
Salz	

Zubereitung:

1. Schäle und wasche die Kartoffeln.

2.   Tupfe sie trocken und schneide sie mit dem Spiralschneider zu Nudeln.

3.   Erhitze das Öl in einer Pfanne.

4.   Gib die Nudeln hinein und röste sie.

5.   Nimm dir eine andere Pfanne und erhitze darin ebenfalls etwas Öl.

6.   Gib die Kassler in die zweite Pfanne und bräune sie von beiden Seiten.

7.   Nimm das Fleisch heraus und schlage die Eier in die Pfanne.

8.   Würze sie mit dem Paprikapulver sowie dem Pfeffer und dem Salz.

9.   Sobald die Spiegeleier soweit sind, wende sie und brate sie noch einmal von er anderen Seite.

10.   Gib die gerösteten Kartoffelnudeln zum Fleisch und salze beides noch einmal.

11.   Gib Paprika darüber und leg die Spiegeleier auf das Fleisch.

12.   Streu die Petersilie auf die Spiegeleier.

Garnelen auf Karottennudeln

Portionen: 2

Zutaten:

Garnelen, groß	1 kg
Kartoffeln	4
Karotten	450 g
Knoblauch, gemahlen	
Olivenöl	
Pepperonigewürz	3 EL
Salz	
Sherry, trocken	6 EL
Sojasoße	4 EL

Zubereitung:

1.   Wasche die Garnelen und entferne den Kopf.

2.   Entferne die Schale.

3.   Schneide die Garnelen am Rücken leicht ein und entferne den schwarzen Darm.

4.   Stecke die Garnelen, beginnend mit dem Schwanz, auf einen Spieß.

5.   Vermische die Sojasoße mit dem Sherry und dem Pepperonigewürz zu einer Marinade.

6.   Wende die Garnelen darin.

7.   Lass sie für eine Weile darin ziehen.

8.   Schäle und wasche die Kartoffeln und gib sie in den Spiralschneider.

9.   Schneide sie zu Spaghetti und salze sie noch ein wenig. Gib auch etwas von dem Pepperonigewürz darüber.

10.   Schäle die Karotten und schneide sie ebenfalls mit dem Spiralschneider zu Spaghetti.

11.   Gib die Karottennudeln auf einen Teller. Verrühre sie mit Essig, Öl, Pfeffer und Salz und lass sie ziehen.

12.   Nimm dir eine Pfanne und erhitze das Öl darin.

13.   Umwickel die Garnelen mit den Kartoffelspaghetti.

14.   Leg sie in das Öl und brate sie vorsichtig.

15.   Sobald die Kartoffeln gar sind, sind es auch die Garnelen.

16.   Gib die Karottenspaghetti auf zwei Teller.

17.   Gib die Garnelen darüber.

Tomaten mit Mozzarella in einem Kartoffelnest

Portionen: 1

Zutaten:

Balsamico-Creme

Basilikum

Kartoffeln   2

Mozzarella, geräuchert   6 Scheiben

Paprikapulver Salz

Salz

Tomate   1

Zitronenpfeffer

Zubereitung:

1.   Wasche und schäle die Kartoffeln.

2. Nimm den Spiralschneider und schneide damit die Kartoffeln zu Spaghetti.

3. Gib Fett in die Fritteuse und erhitze es.

4. Wasche die Tomate und schneide den Deckel ab.

5. Höhle sie aus und schneide den Inhalt sowie den Deckel klein.

6. Schneide 3 Scheiben Mozzarella in Streifen. Gib diese zu den geschnittenen Tomaten.

7. Schneide das Basilikum und füge ihn hinzu.

8. Mische die Balsamico Creme, den Zitronenpfeffer und etwas Salz unter.

9. Gib die Kartoffelspaghetti in die Fritteuse und frittiere sie, bis sie die richtige Farbe haben. Rühre sie dabei immer wieder ein wenig, denn sonst kleben sie zusammen.

10. Nimm sie heraus und lass sie abtropfen.

11. Würze sie mit Paprikapulver und Salz.

12. Richte die Spaghetti so auf einem Teller an, dass ein Nest daraus entsteht.

13. Stell die ausgehöhlte Tomate auf das Nest.

14. Gib die Füllung in die Tomate.

15. Leg die restlichen 3 Käsescheiben wie Blätter um die Tomate.

16. Gib das Paprikapulver darüber und würze das Ganze nach Geschmack.

Spiralschneider-Kartoffelspaghetti aus der Pfanne

Zeit: 30 Minuten

Portionen: 1

Zutaten:

Kartoffeln   2

Peperoncini-Gewürz

Rapsöl

Salz

Zubereitung:

1.   Schäle und wasche die Kartoffeln. Schneide sie mit dem Spiralschneider zu Spaghetti.

2.   Verfeinere sie mit Gewürzen.

3.   Gib das Öl in eine Pfanne und erhitze es.

4.   Gib die Spaghetti nach und nach in das Fett.

5.   Bring sie dabei mit dem Pfannenwender in Form.

6.   Nimm die Nudeln aus der Pfanne und genieße sie pur oder mir Apfelmus.

Spiralschneider-Locken aus Rettich

Portionen: 4

Zutaten:

Dill

Essig

Pfeffer

Rapsöl

Rettich, groß   1

Salz

Schnittlauch

Zubereitung:

1.   Schäle den Rettich und schneide ihn in Stücke.

2.   Gib die Stücke in den Spiralschneider und schneide sie in Locken.

3.   Verteile diese auf einem Teller und salze sie kräftig.

4.   Lass sie 15 Minuten stehen.

5.   Vermische das Öl mit dem Essig, dem Pfeffer und noch etwas mehr Salz zu einer Marinade.

6.   Gib den Rettich in die Marinade.

7.   Vermische das Ganze.

8.   Gib noch etwas Schnittlauch und Dill dazu.

9.   Vermische alles erneut.

10.   Lass es das Ganze für 10 Minuten ziehen.

11.   Gib ein paar Chilifäden als Deko darüber.

Kartoffelgratin

Portionen: 6

Zutaten:

Basilikum

Emmentaler   225 g

Gemüsezwiebeln, gewürfelt   ½

Hackfleisch, gemischt   400 g

Lauchzwiebeln, in Ringe   1

Karotte, in Stücke   1

Kartoffeln   1,5 kg

Knoblauch, gehackt   2 Zehen

Majoran

Paprika, grün, gewürfelt   1 Schote

Paprika, rot, gewürfelt   1 Schote

Paprikapulver, edelsüß

Parmesan, gerieben	100 g
Peperoncini-Gewürz	
Rapsöl	
Sahne	250 ml
Salz	
Schinkenwürfel	125 g
Waldpilz-Soße	1 Pck.
Wasser	200 ml
Weißwein	250 ml
Zitronenpfeffer	

Zubereitung:

1. Heize den Ofen auf 220 Grad vor.

2. Pinsle einen Bräter mit Fett aus.

3. Wasche und schäle die Kartoffeln.

4. Gib die Kartoffeln in den Spiralschneider und verarbeite sie zu Locken.

5. Gib die Locken in den Bräter.

6. Salze sie ein wenig und gib das Paprikapulver sowie den Zitronenpfeffer darüber.

7. Würfle die Zwiebeln und erhitze das Öl in einer Pfanne.

8. Dünste die Zwiebeln und den Knoblauch darin an, bis die Zwiebeln glasig sind.

9. Gib das Hackfleisch hinein.

10. Brate es krümelig.

11. Gib die Schinkenwürfel dazu und brate sie kurz mit.

12. Gib das Gemüse hinein und vermenge alles.

13.   Gib das Ganze in einen Topf und halte es auf kleiner Flamme warm.

14.   Gib Wasser und den Wein hinein und lass es kurz aufkochen.

15.   Gib die Sahne dazu. Vermenge alles und schmecke es ab.

16.   Gib die Masse aus dem Topf über die Locken.

17.   Gib den Käse in Stücken darüber.

18.   Gib das Ganze in den Ofen und backe es für eine Stunde bei 220 Grad und Heißluft.

Spiralschneider Spirelli-Pizza

Portionen: 4

Zutaten:

Basilikum

Champignon   4

Käse, gerieben   1 Pck.

Minisalami, in Scheiben

Oregano

Paprika, gelb   1 Schote

Paprika, grün   1 Schote

Paprika, rot   1 Schote

Pizzateig   1 Pck.

Salz

Tomaten

Zwiebel   1

Zubereitung:

1.   Nimm dir ein Backblech und lege es mit Backpapier aus.

2.   Roll den Teig darauf aus.

3.   Gib die Tomatensoße darüber.

4.   Würze alles mit Oregano, Basilikum und Salz.

5.   Wasche die Paprikaschoten.

6.   Lege sie in den Spiralschneider, so dass die Blütenseite die Hobelscheibe berührt.

7.   Schneide sie zu langen Nudeln.

8.   Gib danach die Zwiebel so hinein, dass die Wurzelseite in die Kurbelwelle geklemmt ist.

9.   Schneide auch daraus Nudeln.

10.   Säubere die Pilze und schneide sie in Scheiben.

11.   Gib die Nudeln auf den Teig.

12.   Gib den Käse, die Tomaten, die Salami in Scheiben und die Champignons auf die Nudeln.

13.   Würze das Ganze erneut.

14.   Gib alles in den Ofen und backe es für 30 Minuten bei 200 Grad.

Feta mit Kartoffelnudeln

Zeit: 30 Minuten

Portionen: 2

Zutaten:

Feta   200 g

Kartoffeln, groß   3

Olivenöl

Salz

Zubereitung:

1.   Schäle und wasche die Kartoffeln.

2.   Nimm den Spiralschneider und schneide sie in Endlos-Spiralen.

3.   Würfle den Feta.

4.   Gib die Spiralen darum.

5.   Achte darauf, dass der Käse nicht die Pfanne berührt.

6.   Gib Öl in die Pfanne und erhitze es.

7.   Brate die Würfel darin.

8.   Nimm das Ganze heraus, salze es ein wenig und serviere es.

Zucchininudeln Carbonara

Zeit: 25 Minuten

Portionen: 2

Zutaten:

Eier   2

Gemüsebrühe   8 EL

Olivenöl   2 TL

Parmesan, gerieben   4 EL

Pfeffer

Salz

Schinkenwürfel   100 g

Zucchini   3

Zwiebeln   2

Zubereitung:

1.   Wasch die Zucchini und schneide sie mit dem Spiralschneider zu Spaghetti.

2.   Schäle die Zwiebeln. Schneide sie in Würfel.

3.   Nimm dir eine Pfanne, gib das Öl hinein und erhitze es.

4.   Gib die Spaghetti dazu und gare das Ganze für 6 Minuten.

5.   Verrühre den Parmesan und die Eier. Würze die Mischung mit Pfeffer und Salz.

6.   Hebe die Eimischung unter die Spaghetti.

7.   Lass sie langsam stocken.

8.   Schmecke sie mit Pfeffer und Salz ab.

Gemüsenudeln mit Fisch

Zeit: 1 Stunde

Portionen: 2

Zutaten:

Butter   50 g

Cayennepfeffer

Fischfilets   300 g

Frühlingszwiebeln, in kleinen Würfeln 2

Karotten, groß   1

Kräuter, frisch   1 EL

Olivenöl   2 EL

Pfeffer

Rote Beete   1
große Knolle

Sahne   100 ml

Salz

Schalotten, in kleinen Würfeln	2
Tomaten, klein und geviertelt	6
Weißwein, trocken	200 ml
Zucchini, groß	1
Zucker	1 Prise

Zubereitung:

1.   Tupfe das Fischfilet trocken und pfeffere es.

2.   Schneide die Zucchini und die Karotten im Spiralschneider zu Spaghetti.

3.   Bereite die Rote Beete vor und schneide sie auch zu Spaghetti.

4.   Nimm dir eine beschichtete Pfanne.

5.   Gib die Hälfte der Butter und die Hälfte des Öls hinein und erwärme beides.

6.	Gib Pfeffer und Salz darüber.

7.	Gib die Rote Beete hinein.

8.	Brate sie an, wobei du sie ständig umrührst.

9.	Lösche sie mit der Hälfte des Weißweins ab, gib einen Deckel darauf und lass sie für 15 Minuten schmoren, bis die ganze Soße reduziert wurde.

10.	Schmecke die Rote Beete ab.

11.	Nimm dir eine andere Pfanne. Gib den Rest der Butter und des Öls hinein.

12.	Brate den Fisch darin an. Nimm ihn heraus, salze ihn und stell ihn warm.

13.	Gib die Zwiebeln in die Pfanne und schwitze sie bei mittlerer Hitze an.

14.	Gib die Zucchini, Karotten und die Tomaten dazu.

15.   Schmecke das Ganze mit den Kräutern, Pfeffer und Salz ab.

16.   Rühre die Spaghetti vorsichtig und dünste sie für 5 Minuten an.

17.   Lösche sie mit dem Weißwein, der Sahne und einer Prise Zucker ab.

18.   Lass sie aufkochen und gib den Fisch dazu.

19.   Gib den Deckel darüber und lass alles für 5 Minuten köcheln, bis nur noch wenig Sauce vorhanden ist.

20.   Richte die Spaghetti aus der Roten Beet auf einen Teller an.

21.   Gib die Spaghetti aus Zucchini und Karotten daneben.

22.   Gib das Fischfilet dazu und die Tomaten mit der Sauce darüber.

Kohlrabispaghetti

Zeit: 1 Stunde

Portionen: 3

Zutaten:

Butter, gesalzen	100 g
Eier	2
Kartoffeln, frisch	600 g
Kohlrabi	300 g
Muskatnuss, gerieben	ein wenig
Petersilie, kraus	1 Bund
Pfeffer	
Salz	
Semmelbrösel	
Sojaöl	150 ml

Zubereitung:

1.   Wasche die Kartoffeln und schneide sie zu Spaghetti.

2.   Lage sie in kaltes Salzwasser.

3.   Schäle die Zwiebeln und hacke sie.

4.   Hacke die Petersilie.

5.   Wasche und schäle den Kohlrabi und schneide ihn zu Spaghetti.

6.   Entwässere die Kartoffelspaghetti mit einer Salatschleuder.

7.   Gib Salzwasser in einem großen Topf zum Kochen.

8.   Nimm dir einen Wok und erhitze das Sojaöl darin.

9.   Rühre die Eier schaumig.

10.   Rühre die Zwiebel, das Salz, den Pfeffer, die Muskatnuss und die Petersilie vorsichtig hinein.

11.   Schütte das Ganze über die Kartoffeln und vermische sie.

12.   Gare die Kartoffelspaghetti im Wok. Gib sie dafür mit einer Gabel samt der Eimischung senkrecht in den Wok und wende sie nach 2 Minuten.

13.   Halte sie danach im Ofen warm.

14.   Schmelze die Butter in einem kleinen Topf und gib die Semmelbrösel dazu.

15.   Blanchiere die Kohlrabispaghetti für 3 Minuten im kochenden Salzwasser. Gieß sie durch ein Sieb ab, aber spüle sie nicht ab.

16.   Gib die Kartoffelspaghetti samt der Eimischung aus dem Wok auf die Teller.

17.   Streu die Petersilie darüber.

18.   Gib die Kohlrabispaghetti in den Topf mit der geschmolzenen Butter und den Semmelbröseln und gib sie auf die Kartoffelspaghetti.

19.   Gib die Butter mit den Bröseln darüber.

Zucchinispaghetti mit Balsamico

Portionen: 2

Zutaten:

Balsamico-Creme

Paprikapulver	ein wenig
Salz	nach Bedarf
Zucchini	1

Zubereitung:

1.   Wasche die Zucchini und schneide die Enden ab.

2.   Schneide das Gemüse (die Endstücke der Zucchini) in Stücke.

3.   Erhitze die Fritteuse.

4.   Gib die Zucchini und das Gemüse in den Spiralschneider und schneide Spaghetti daraus.

5.   Frittiere die Spaghetti.

6.   Lass sie danach abtropfen.

7.   Würze sie.

8.   Gib sie auf einen Teller und gib die Creme darüber.

Umwickelte Bratwurst

Portionen: 3

Zutaten:

Fett

Kartoffeln, groß   3

Pizzagewürz

Rostbratwürste   6

Salz

Zubereitung:

1.   Schäle und wasche die Kartoffeln.

2.   Nimm dir eine Pfanne und erhitze das Fett darin.

3.   Brate die Würste darin, wobei du sie immer wieder wendest.

4.   Schneide die Kartoffeln mit dem Spiralschneider zu Bandnudeln.

5.   Salze sie.

6.   Gib die Würste auf einen Teller.

7.   Drück immer eine Wurst auf eine Gabel.

8.   Gib die Wurst in die Spaghetti und umwickel sie damit.

9.   Wiederhole das Ganze für alle Spaghetti.

10.   Gib die Würste wieder in die Pfanne und gare sie darin, bis die Kartoffeln braun werden.

11.   Wende die Würste dabei immer wieder, denn sonst brennen die Kartoffeln an.

12.   Nimm die Endstücke der Kartoffeln, die beim Schneiden mit dem Spiralschneider übrigbleiben.

13.   Gib sie mit in die Pfanne und lass sie braun werden.

14.   Nimm die Endstücke und richte sie auf einem Teller an. Gib die Bratwürste mit den Spaghetti dazu. Serviere das Ganze mit Ketchup oder eventuell einer Zigeunersoße.

Spaghetti Al Arrabiata

Portionen: 2

Zutaten:

Al Arrabiate Gewürzmischung	2 EL
Basilikum	1
Gemüsebrühe	
Lauchsalz	3 EL
Oliven	einige
Olivenöl	4 EL
Pizzagewürz	1 EL
Tomaten, geschält	1 kleine Dose
Wasser	1,5 l
Zucchini, gelb, mittelgroß	1
Zucchini, hellgrün, mittelgroß	1

Zubereitung:

1.   Wasche die Zucchini ab.

2.   Schneide die Ansätze der Stiele und Blüten ab.

3.   Schneide die Ansätze in größere Stücke.

4.   Nimm dir den Spiralschneider. Spanne die Zucchini ein und schneide sie zu Spaghetti.

5.   Erhitze das Wasser in einem großen Topf.

6.   Gib die Gemüsebrühe hinein.

7.   Gib die Zucchini dazu.

8.   Streue das Lauchsalz darüber.

9.   Lasse alles köcheln und überprüfe immer mal wieder, wie weit die Zucchini ist. Sie sollte nicht zu weich werden.

10.   Nimm dir einen anderen Topf und gib das Olivenöl hinein.

11.   Gib die Gewürze dazu.

12.   Nimm die geschälten Tomaten und lösche das Ganze ab.

13.   Gib die Oliven dazu.

14.   Zerkleinere die Oliven und Tomaten mit einem Kartoffelstampfer.

15.   Gieß die Spaghetti ab und richte sie auf einem Teller an.

16.   Gib die Soße darüber.

KAPITEL 3: SALATE, DESSERTS UND SNACKS

Spiralschneider Rohkost-Salat

Portionen: 2

Zutaten:

Paprika, grün	1 Schote
Paprika, orange	1 Schote
Paprika, rot	1 Schote
Rettich	ein wenig

Zubereitung:

1. Wasche die Paprikaschoten und entferne jeweils den Stiel.

2. Nimm den Spiralschneider und spanne sie mit der Blütenseite ein.

3. Schneide sie, bis du die Kerne erreichst.

4. Spanne danach den Rettich ein und mache ein paar Rettichspaghetti.

Pikante Chipslocken

Zeit: 10

Portionen: 1

Zutaten:

Kartoffeln   nach Wunsch

Paprikapulver

Pizzagewürz

Salz

Zubereitung:

1.   Schäle die Kartoffeln und Wasche sie.

2.   Erhitze Fett in einem Topf bzw. erhitze die Fritteuse.

3.   Schneide die Kartoffeln in Locken.

4.   Gib die Locken in das Fett und nimm sie wieder heraus, wenn sie eine ausreichende Bräune angenommen haben.

5.   Würze sie mit Salz, Paprika und dem Pizzagewürz.

Apfel-Taler mit Quark

Portionen: 3

Zutaten:

Apfel	1
Blätterteig	1 Pck.
Mandelblättchen	2 EL
Milch	ein wenig
Mohnbackmischung	3 EL
Puderzucker	
Quark	250 g
Zimt	1 TL
Zitrone	2 Spritzer
Zucker	3 EL

Zubereitung:

1.   Nimm den Teig aus der Packung und roll ihn auf.

2.   Steche Kreise mit einem Durchmesser von jeweils 7 cm aus.

3.   Nimm den Rest des Teigs und forme ihn für später zu einer Kugel.

4.   Nimm dir zwei Bleche und lege sie mit Backpapier aus.

5.   Gib jeweils 9 Kreise auf jedes Blech.

6.   Wasche den Apfel und schneide ihn oben und unten ab.

7.   Gib ihn in den Spiralschneider. Spanne ihn so ein, dass das Kerngehäuse entfernt wird.

8.   Schneide ihn zu Apfelspaghetti.

9.   Gib diese in eine Schüssel.

10.   Gib den Quark und ein wenig Milch dazu.

11. Gib auch die anderen Zutaten, jedoch nicht den Puderzucker und die Mohnbackmischung, dazu.

12. Vermenge das Ganze.

13. Gib die Mischung auf die Teigkreise. Lass dabei aber einen Rand, so dass der Teig später aufgehen kann.

14. Gib die Mohnbackmischung auf den Apfel-Quark.

15. Gib die Bleche in den Ofen.

16. Backe sie für 25 Minuten bei 200 Grad.

17. Nimm die Bleche heraus und streu den Puderzucker darüber.

18. Den Rest des Teigs kannst du für ein anderes Rezept verarbeiten.

Buchweizenfladen mit Super-Häubchen

Zeit: 40 Minuten

Portionen: 2

Zutaten:

Babyspinat	2 Handvoll
Bärlauch, in Streifen	2 Handvoll
Buchweizenmehl	115 g
Erbsen	1 Handvoll
Erdnussmuss	2 EL
Karotten	2
Salz	ein wenig
Süßkartoffeln, klein	1
Wasser, heiß	125 ml
Zitrone, Saft und Abrieb	1

Zubereitung:

1.   Vermische das Mehl mit Salz, füge das Wasser dazu und knete einen Teig daraus.

2.   Stell den Teig zur Seite.

3.   Wasch die Süßkartoffel, schneide sie in Würfel und backe sie für 15 Minuten bei 200 Grad im Ofen.

4.   Gieß die Erbsen ab und gieße heißes Wasser darüber. Lass sie kurz darin stehen.

5.   Gieß das Wasser ab und gib die Erbsen in einen Mixer.

6.   Füge das Erdnussmuss, den Bärlauch, den Zitronensaft und Zitronenabrieb dazu und mixe das Ganze zu einer Sauce.

7.   Halbiere den Teig.

8.   Rolle beide Hälften zu einer Scheibe aus.

9.	Backe beide in einer Pfanne, ohne Fett und von beiden Seiten.

10.	Nimm sie heraus und bestreiche sie mit der Sauce.

11.	Verteile darüber den Babyspinat.

12.	Gib die Karottenstreifen und die Süßkartoffel darauf.

13.	Roll die Fladen zusammen und genieße sie.

SCHLUSSWORT

Nun hast du einige Vorschläge für deine neuen Kreationen gesehen. Jetzt ist es an dir, das für dich Beste darunter zu finden und dann einfach loszulegen. Erfreue dich am Kochen und an dem Geschmack deiner Kreationen. Viel Spaß und Bon Appetit.

IMPRESSUM

Text: Copyright © 2020 by ALI KALAI TLEMCANI

Impressum:

ALI KALAI TLEMCANI

1 Complexe El hassani Immeuble Amal 2

90000 TANGIER

Marokko

Fotos: © LAMeeks / https://depositphotos.com/117624106/stock-photo-healthy-zucchini-noodles.html

https://de.depositphotos.com/stock-photos/zuccini-pasta.html?filter=all&search_params=eyJjdGYiOjF9

https://de.depositphotos.com/223058472/stock-photo-carbonara-italian-spaghetti-pasta-bacon.html

Wichtiger Hinweis:

Die in diesem Buch enthaltenen Informationen dienen ausschließlich informativen Zwecken und dürfen unter keinen Umständen als Ersatz für eine professionelle Beratung oder Behandlung durch ausgebildete und anerkannte Ärzte angesehen werden. Diese beinhalten keinerlei Empfehlungen bezüglich bestimmter Diagnose- oder Therapieverfahren. Die Inhalte dürfen niemals als eine Aufforderung zur Selbstbehandlung oder als Grundlage für Selbstdiagnosen und -medikation verstanden werden. Die Informationen spiegeln lediglich die Meinung des Autors wieder. Der Autor übernimmt für die Art oder Richtigkeit der Inhalte keine Garantie, weder ausdrücklich noch impliziert.

Sollten Inhalte des Buches gegen geltendes Recht verstoßen, dann bittet der Autor um umgehende Benachrichtigung. Die betreffenden Inhalte werden dann umgehend entfernt oder geändert.